AF554247

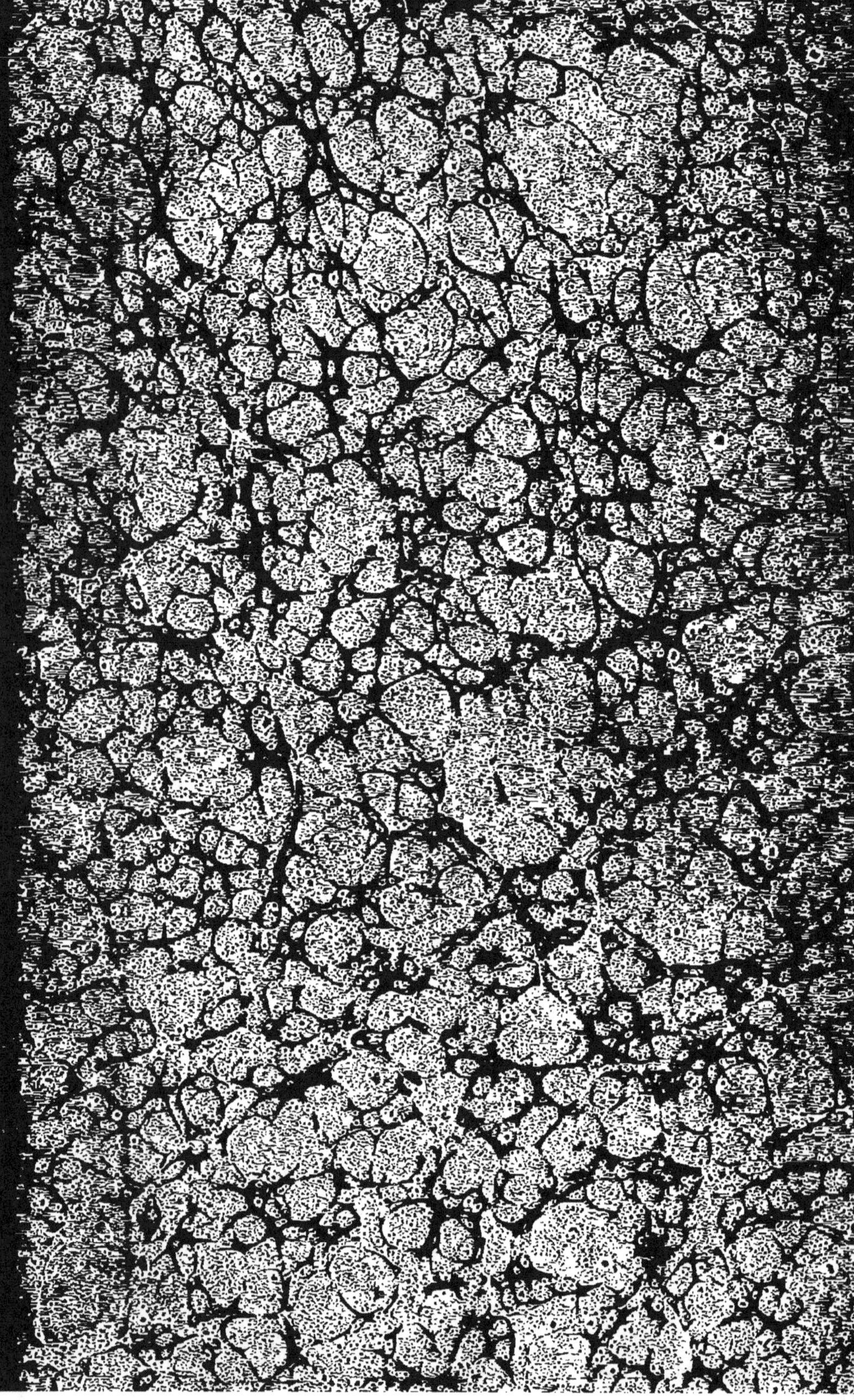

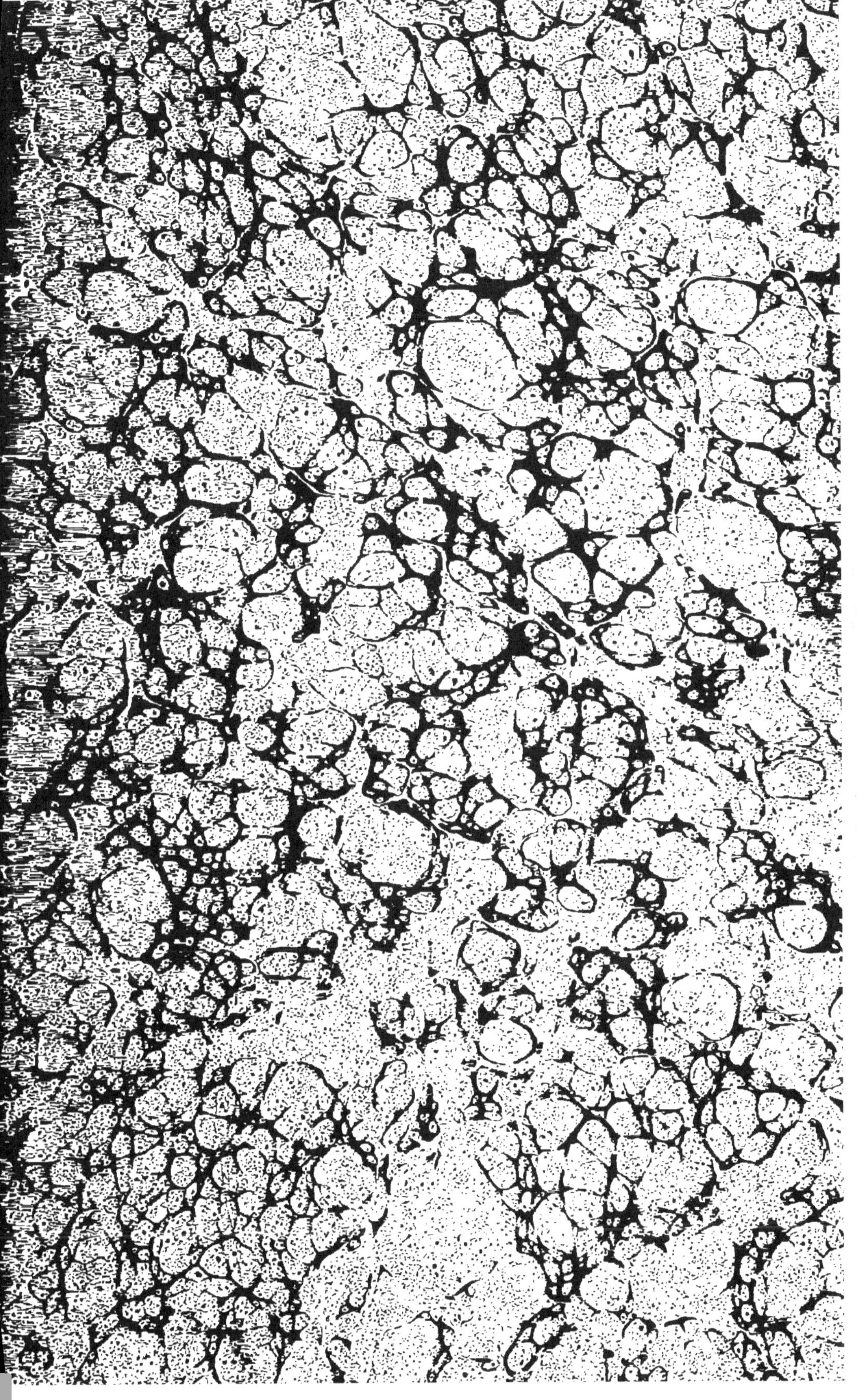

SAINT DOMINIQUE

ET

L'APOSTOLAT

PARIS
IMPRIMERIE JULES BONAVENTURE,
55, quai des Grands-Augustins.

R. P. FÉLIX

de la Compagnie de Jésus.

SAINT DOMINIQUE

ET

L'APOSTOLAT

Vir, per omnia, verè
apostolicus.

PARIS

JOSEPH ALBANEL, LIBRAIRE

15, RUE DE TOURNON, 15

1870

SAINT DOMINIQUE

ET

L'APOSTOLAT

Euntes ergo, docete omnes gentes.
Allez donc, et enseignez toutes les nations.
(MATH. XXVIII, 19.)

MES RÉV. PÈRES ET MES CHERS FRÈRES,

LORSQUE le Sauveur laissait échapper de ses lèvres ces mots si divinement solennels et si divinement efficaces, jamais parole plus grande n'avait été dite dans l'humanité, et jamais rien de plus illustre n'avait paru sur la terre que ce qui était fondé par cette parole vraiment créatrice, *l'apostolat catholique*. Qu'y a-t-il en effet, dans l'histoire de l'humanité, de plus grand, de plus fécond, de plus salutaire, de plus prodigieux que l'apostolat catholique ? L'apostolat, c'est le rayonnement de la vérité, c'est l'expansion de l'amour, c'est la germination des vertus, c'est la purification des mœurs; c'est le souffle de la sainteté; et, comme conséquence, c'est l'ordre, c'est l'harmonie, c'est la force, c'est la beauté sociale. L'apostolat catholique, c'est le progrès du monde; et, selon que l'humanité suit ou délaisse ses enseignements, elle s'élève ou s'abaisse; elle se purifie ou se pervertit; elle monte vers les hauts sommets, ou penche vers les grands abîmes; et selon que Dieu donne à son Église des apôtres dignes ou indignes de lui, on voit le christianisme des peuples s'élever ou descendre, et avec lui monter ou s'abaisser l'humanité elle-même.

Voilà pourquoi le plus grand don que Dieu fait à son Église et au peuple chrétien, c'est le don, à nul autre pareil, d'un homme vraiment apostolique. Parmi tout ce qu'il crée dans l'univers pour manifester sa grandeur et faire éclater sa gloire, Dieu ne fait rien de plus grand qu'un grand apôtre. Coopérateur de Dieu dans l'œuvre de la réparation du monde et du salut des âmes, l'apôtre, par la fonction qu'il accomplit, occupe dans la hiérarchie des grandeurs une place à part : il est, par le choix de Dieu et la nature de son œuvre, plus haut que toute fonction, toute magistrature et toute royauté purement humaine. Ministre de J.-C. et dispensateur des ses mystères, ambassadeur de Dieu et porteur de sa parole, investi de sa puissance, couvert de sa majesté, il fait avec lui l'œuvre de la seconde création, plus grande que la première. Et, si la bonté de Dieu et ses propres efforts ont élevé son âme, son cœur, son être tout entier à la hauteur de son ministère, alors, l'apôtre de Jésus-Christ se révèle comme le plus grand spectacle que l'homme puisse rencontrer sur la terre.

Tel est celui que ce discours vous convie à contempler. Voici un homme, qui, à travers six siècles, apparaît devant nous avec sa belle et radieuse figure, l'illustre saint Dominique, fondateur des Frères prêcheurs. Cet homme fut un grand spectacle au ciel et à la terre, parce qu'il fut ce qu'on l'a bien nommé, un homme, en toutes choses, vraiment apostolique : *Vir, per omnia, vere apostolicus.* Il fut, au sens le plus glorieux de ce mot, *un grand apôtre;* et c'est ce que je me propose de vous montrer en lui.

Trois choses surtout sont à considérer dans un grand apostolat : sa préparation, son exercice, sa perpétuité. Comment Dieu prépare par des dons de choix une vie d'apôtre; comment cette vie se déploie dans sa sphère; comment elle se survit en se faisant une postérité qui porte son signe et perpétue son œuvre : c'est, M. F., ce qu'il est particulièrement instructif et intéressant de méditer dans la vie du saint Patriarche dont la fête nous rassemble en ce lieu plein de son esprit et de son nom, et plein encore du souvenir d'un autre Dominique, restaurateur de son œuvre sur la terre de France.

Vous ne demanderez pas à ce discours un tableau achevé de cette majestueuse figure. Ce serait me condamner d'avance à tromper votre attente et mes propres efforts. Trop heureux serai-je, si, en vous faisant aimer, vénérer et admirer de plus en plus cette gloire de l'apostolat catholique, je parviens à vous inspirer à tous ce qui fut l'âme de l'apôtre et le souffle de son apostolat, le zèle pour le salut des âmes.

Mon Révérend Père, je n'attendais pas l'honneur de parler devant vous (1). Votre présence, en apportant à cette fête une splendeur de plus, augmenterait ma légitime défiance, si je ne savais combien vous avez hérité de la bienveillance et de la charité de saint Dominique dont la bonté semble revivre dans la vôtre. Je commence donc en toute humilité et confiance ; et je livre à votre indulgence une parole qui n'aura d'autre titre pour se faire agréer de vous, que d'être profondément sympathique au Père de cette illustre famille et à la famille de cet illustre Père.

(1) Le Révérend Père Jandel, supérieur général de l'ordre, arrivé la veille à Nancy, présidait la réunion.

I.

AVANT de voir une grande vie apostolique se déployer au soleil de l'histoire dans la splendeur de ses œuvres, rien n'est plus intéressant que de suivre le travail lointain par lequel la Providence prépare d'ordinaire, dans le mystère et le silence, cette création féconde : *Un grand apôtre*. J'admire, je l'avoue, par quelles divines industries elle fait souvent conspirer ensemble la nature et l'éducation, les événements extérieurs et l'action intime de la grâce, pour préparer de loin les merveilles de l'apostolat.

Dans la préparation providentielle de l'apostolat de saint Dominique, j'admire surtout ces trois choses qui concourent à la compléter : l'instrument, le théâtre, et le ressort de l'apostolat. L'*instrument*, c'est-à-dire l'homme lui-même, avec ses naturelles facultés et leur légitime développement ; le *théâtre*, c'est-à-dire les circonstances au milieu desquelles devait se déployer avec toutes ses puissances l'homme apostolique ; le *ressort*, c'est-à-dire la force intime et surnaturelle qui devait donner le mouvement à son apostolat.

Et d'abord, regardons l'*homme* tel que la nature l'a fait, et tel que l'éducation l'a achevé, pour préparer en lui l'instrument de la vie apostolique.

Dieu l'avait fait sortir de la grande race des Gusman ; sans doute, pour rendre, un jour, plus frappant en lui le contraste de son humilité apostolique et de son illustration généalogique. Car, bien que la Providence compte pour peu dans les choses de l'apostolat cette gloire du berceau et ce reflet de la naissance, elle s'en sert pourtant, dans les hommes profondément humbles, comme le fut Dominique, pour doubler leur prestige devant les peuples, et agrandir sur les âmes l'empire de leurs paroles et l'ascendant de leurs vertus.

Mais Dieu, même dans l'ordre naturel, avait donné à Dominique plus qu'une haute naissance ; il lui avait donné une grande âme ; et la splendeur de sa noble race était en lui surpassée par la splendeur même de sa belle nature.

Dieu avait réuni en lui cet ensemble de facultés natives qui prédisposent un homme à une action efficace. Né pour l'exercice de la parole et pour la fondation d'un ordre de prédicateurs, Dominique avait reçu, avec le don de l'éloquence, quelque chose de cette flamme que Dieu allume au sein des hommes puissants. Son intelligence précoce semblait resplendir sur son front d'enfant, comme cette radieuse étoile qu'une noble femme y avait vu briller à l'heure de son baptême. Une énergie qui n'était pas de l'enfance et une fermeté qui devançait l'âge annonçaient que la puissance de vouloir ne serait pas en lui au-dessous de la puissance de comprendre ; et les trésors de tendresse dont le ciel l'avait doté avec une libéralité si rare témoignèrent que l'homme de cœur vaudrait en lui l'homme d'intelligence et de volonté. Les hommes en qui se révèle de bonne heure l'harmonie de ces facultés reçues dans un degré supérieur semblent prédestinés par la nature elle-même à la puissance apostolique. Une grande intelligence pour pénétrer les mystères de l'homme et les mystères de Dieu ; une volonté indomptable, pour marcher au but, et vaincre tout obstacle ; un cœur assez large pour embrasser tous les hommes, assez tendre pour compatir à toute misère ; et l'éloquence, qui, armée de toutes ses puissances, exerce sur les âmes une domination vraiment royale : tels sont les éléments naturels dont Dieu composa d'abord cette vie d'apôtre. L'intelligence, la volonté et le cœur, se répondant dans cette âme d'élite avec une parfaite harmonie, prophétisaient dans l'enfant le futur grand homme ; tandis que le don de sa naturelle éloquence annonçait la gloire du prédicateur. Pour mieux assurer aux triomphes de l'apostolat ces trésors d'une nature privilégiée, Dieu avait mis, de bonne heure, sur cette âme choisie le sceau d'une pureté immaculée ; et, pour tout transfigurer dans une auréole du ciel, il avait ajouté à tous ces dons de sa munificence une piété d'ange, qui consacrait d'avance au service de Dieu toutes ces puissances de l'homme, et déjà amassait dans son âme d'enfant les germes de sa vie et de sa fécondité d'apôtre.

Ainsi, Dieu, auteur de tout don parfait, dans l'ordre naturel comme dans l'ordre surnaturel, avait appelé la nature elle-même à la préparation lointaine de cette puissance apostolique qui devait plus tard éclater, dans une sphère plus élevée, par la gloire de ses œuvres.

La formation même de sa vie sembla conspirer avec la nature pour préparer lentement, mais sûrement, le chef-d'œuvre que méditait la Providence. Les influences de la maternité et les influences du sacerdoce concoururent d'abord à féconder cette vie dont le monde entier devait cueillir les fruits. Il ne quitta l'école de la mère et l'école du prêtre que pour aller puiser la vérité et la science aux sources plus larges d'une école publique ; et l'université de Palentia l'admira, dix ans, dans ce travail profond et ces vertus cachées qui préparent, dans le secret de Dieu, les futurs bienfaiteurs des hommes. Neuf autres années se passèrent au chapitre d'Osma, dans un essai obscur de ces deux vies qui devaient plus tard, en s'unissant en lui, comme deux affluents, former le fleuve de sa vie apostolique. Il s'y accoutumait à porter à la fois et le joug de la vie commune et le poids de la parole publique ; édifiant par ses vertus les chanoines réguliers de l'église d'Osma, et édifiant par sa parole les populations d'alentour ; amassant enfin, dans un silence fécond, les trésors qui devaient faire plus tard la richesse de son apostolat, trésors de science, de sainteté, d'éloquence et de dévouement

Dieu a laissé beaucoup d'ombre planer sur ces commencements de la vie de notre apôtre, comme il laisse certains fleuves couler longtemps dans un lit caché, et de sources mystérieuses, avant de révéler au grand jour la majesté de leur cours et la beauté de leurs eaux, Mais à quiconque suit d'un regard attentif le courant de cette vie si cachée encore aux hommes et déjà si pleine devant Dieu, si humble encore dans le présent, et déjà si riche d'avenir, il est manifeste que la Providence la conduisait au terme où elle devait se verser tout entière, comme elle conduit par leur pente les grands fleuves à la mer.

Mais, M.F., pour préparer ce puissant apôtre à ses futurs triomphes, ce n'était pas assez de la conspiration de la nature et de l'éducation ; il lui fallait la conspiration des événements, et par dessus tout la conspiration du temps et du lieu ; il fallait à cet apostolat ce double encadrement ; et entre ces deux choses le véritable *théâtre* où devait se signaler par ses triomphes cette grande force apostolique déjà préparée. Ce théâtre ne lui fit pas défaut; car cet apostolat avait son siècle et son lieu prédestinés dans les desseins de Dieu.

Oui cet apostolat eut son siècle; et quel siècle! Siècle plein d'espérance à son aurore, et plein d'orages à son couchant; siècle profondément ému et profondément blessé, dont les plaies, en apparence presque désespérées, appelaient avec des apôtres nouveaux un rajeunissement de l'esprit apostolique; siècle effroyablement menacé par ces trois grands fléaux qui concouraient à sa ruine, les ravages de l'hérésie, la corruption des mœurs et le refroidissement des cœurs, c'est-à-dire, la diminuation de la vérité, de la vertu et de l'amour dans l'humanité vivante; en d'autres termes, l'erreur, le vice et l'égoïsme appelant au secours de cette humanité trois fois malade et trois fois blessée, la prédication de la vérité, de la sainteté et du sacrifice.

Ainsi cet apostolat avait son siècle, comme toute mission a son heure ; et ce siècle, comme nous le verrons bientôt, avait tous les besoins le plus en rapport avec les puissances de l'apôtre prédestiné à les secourir.

Et comme cet apostolat eut son siècle, il eut son lieu aussi. Ces trois fléaux, que nous venons de nommer, s'étaient rencontrés, à la même heure et au même endroit, dans une manifestation plus éclatante, comme pour montrer par le spectacle de leur triple désastre ce que peuvent pour le malheur des hommes et pour la décadence des peuples l'ignorance, la corruption et l'égoïsme. Ce lieu, théâtre principal de l'apostolat de Dominique, se nommait le Languedoc ; le Languedoc, alors particulièrement en proie aux ravages de l'hérésie, au scandale des vices, aux orgies de l'égoïsme, et, pour comble de maux, aux horreurs de la guerre.

La distance, la langue, la nationalité, de hautes montagnes, séparaient Dominique de ce champ de bataille où ce héros devait dresser sa tente, déployer son drapeau, et multiplier ses victoires.

Mais, par un tissu d'événements qui laisse voir la trame divine de ses desseins, Dieu le conduisit, un jour, sur ce théâtre, comme par la main ; et par un ensemble de circonstances ménagées par sa Providence, l'apôtre y parut à l'heure précise où la moisson venait de mûrir dans l'orage, et ne demandait, pour être cueillie qu'un courageux moissonneur. Si bien que la Providence, qui avait ouvert à son apostolat ce champ prédestiné, sembla lui crier alors, par la voix des événements : Ouvrier de Dieu, étendez votre main ; voici le lieu, et voici l'heure ; voici le champ où ma voix vous invite à multiplier vos labeurs et à faire germer sous la rosée de vos sueurs les fruits d'or de la vérité, de l'amour et de la sainteté.

Tel fut le travail de la nature, de l'éducation et des événements dans la préparation de l'apostolat personnel de Dominique. Et pourtant, malgré les forces dont Dieu l'avait investi ; malgré le champ qu'il lui avait ouvert pour y déployer ses forces ; malgré toutes ses préparations où son apostolat se formait lentement, et marchait sous l'œil de Dieu vers sa maturité ; malgré les rares qualités dont l'harmonie lui constituait une personnalité si puissante et si naturellement attractive ; malgré son intelligence de docteur, sa volonté de héros, son cœur de mère, sa pureté de vierge, son âme d'ange, l'apostolat de Dominique n'eût laissé sur la terre ni ce sillon profond, ni ce monument illustre qui ont marqué son passage, s'il n'avait eu, pour tout faire converger au but suprême de l'apostolat, l'action intime de la grâce ; et si cette puissante ouvrière n'avait mis et développé en lui une chose qui est la souveraine condition de tout apostolat vraiment efficace ; une chose sans laquelle on porte en vain le nom d'apôtre ; une chose qui vaut mieux que tous les triomphes de la parole, qu'aucune éloquence ne peut suppléer dans la vie d'un apôtre, et sans laquelle, si grand soit le génie, il n'y a pas même pour lui de véritable éloquence ; une chose qui donne à l'apostolat la substance de sa vie, le sang de ses veines, le nerf de son action et la puissance de sa fécondité : cette chose sans laquelle rien ne vaut dans l'apostolat, et qui seule au besoin peut tenir lieu de tout, elle se nomme, dans la langue de l'Évangile, *l'abnégation ;* l'abnégation absolue de soi par l'amour passionné de Jésus-Christ, et la transformation complète de soi-même en lui-même.

J'ai dit jusqu'ici les préparations lointaines ou proches de la vie apostolique ; en voici le ressort intime : l'abnégation de soi, l'anéantissement de soi, la mort de soi. Oui, mourir pour produire, s'anéantir pour se multiplier, c'est la loi radicale et universelle de toute fécondité et de toute création. Quiconque attend la vie d'autre chose ne sait pas même encore ce que c'est que produire ; et celui qui cherhe à l'apostolat un autre ressort donne la preuve démonstrative qu'il n'a pas même compris ce que c'est qu'un apôtre.

Quand Dieu fait une mission, il demande une abnégation. Cette loi s'applique à tout ordre de choses. Mais quand Dieu fait à un homme la mission vraiment apostolique, il ne lui demande pas seulement une abnégation, il lui demande toutes les abnégations : abnégation de la patrie, abnégation de la famille, abnégation du patrimoine, abnégation de la richesse, abnégation de la gloire, enfin l'abnégation qui renferme toutes les autres, l'abnégation de soi. Lorsque Dieu appela Abraham pour le constituer le père d'une postérité nombreuse, il lui dit : « *Egredere de terra tua et de domo patris* « *tui* : Sors de ta maison, sors de ta terre « natale, et va dans la région que je te mon- « trerai. » Pour un patriarche, c'était assez ; pour un apôtre, c'est trop peu. A l'apôtre

Jésus-Christ dit : « Sors, sors de toi-même, et « tu trouveras la vie ; consens à mourir, et tu « seras fécond. » C'est ce qui parut avec éclat dans la mission de Dominique. Dieu ne le déprit pas seulement de la patrie et de ses charmes, de la famille et de ses joies, de la richesse et de ses séductions, de la gloire et de ses fascinations ; il le déprit de lui-même.

Ainsi son abnégation fécondera son apostolat ; ainsi l'anéantissement de lui-même le préparera à la multiplication de sa vie. Que dis-je ? déjà même dans le feu de l'action, alors qu'il avait le plus besoin de force, et de secours, Dieu permit que tout parût, un moment, l'abandonner à la fois. La défaite des Croisés, la mort soudaine de Azévédo, la fin tragique de Pierre de Castelnau, la dispersion des siens, tout cela, lui survenant soudainement et simultanément, lui apporta l'épreuve de la solitude et la tentation du découragement. On eût dit que la Providence voulût lui dérober tout appui, et creuser l'abîme sous ses pieds. Mais c'était cette épreuve qui trempait son courage ; c'était cet anéantissement qui préparait sa puissance ; et lui aussi a pu dire en sortant de cet abîme : *cum infirmor tunc potens sum.* C'est quand tout paraissait anéanti que tout se relevait ; c'est quand l'apôtre eut tout abdiqué que Dieu lui donna tout.

Mais telle est la loi de la vie : on ne sort de soi-même qu'à la condition d'entrer dans un autre que soi. Pour se renoncer soi-même à ce point, il fallait qu'un grand mystère s'accomplît dans notre apôtre ; il fallait qu'il entrât en Jésus-Christ, et devînt lui-même par les transformations de l'amour un autre Jésus-Christ. Dieu, avant d'envoyer Isaïe son prophète annoncer la parole à son peuple, lui députa un ange pour purifier ses lèvres avec un charbon ardent. Jésus-Christ, avant d'envoyer son apôtre, vint lui-même, et le toucha du feu de son amour. Il lui mit au cœur une flamme qui le transforma tout entier comme le feu transforme les métaux. Il lui inspira pour lui-même non-seulement cet amour qui suffit au vulgaire des chrétiens, mais un amour supérieur qui le distingue même entre tous ceux qui l'aiment ; il lui dit au cœur cette parole qui préludait dans le prince des apôtres à l'exercice de son apostolat : « M'aimez-vous? m'aimez-« vous plus que ceux-ci ? » Heureux Dominique d'avoir pu répondre avec Pierre, avant d'entrer dans la carrière apostolique : « Sei-« gneur vous savez que je vous aime. Vous « savez que, sortant de mon cœur, cette parole « n'est pas un mot seulement, mais le cri d'un « amour impatient de s'attester, et ambitieux « de répandre autour de lui la flamme et le « feu. Ah ! oui, la charité du Christ me presse : « *Charitas Christi urget nos*. Cet amour est à « l'étroit dans mon âme ; il a besoin de s'en « aller, de se répandre, d'envahir ; il crie à l'O-« rient, il crie à l'Occident, il crie au Midi, il « crie au Septentrion : *fac mihi spatium :* ouvrez moi l'espace ; laissez-moi conquérir à cet « amour, qui me presse, des cœurs et encore

« des cœurs ; laissez-moi, avec toute l'ardeur « du feu qui me consume, faire régner ce « Verbe qui a pris possession de moi, ce Verbe « aimé et adoré que je veux manifester, glori- « fier, *prêcher*, en un mot, de toutes manières, « dans le total oubli, et, s'il le faut, dans le « complet anéantissement de moi-même. »

Il était donc bien préparé pour le grand œuvre de son apostolat notre incomparable apôtre. Ah ! oui, il l'était ; et Dieu n'avait plus qu'à faire tomber devant lui la barrière. Aussi lorsque Dieu l'eut amené sur le théâtre que lui-même lui avait préparé ; et lorsque, lui montrant au loin les régions ravagées par le monstre de l'hérésie, il lui eut dit par la voix même des événements : « Qui enverrai-je ? *Quem « mittam ?* » Dominique a pu répondre, et il répondit en effet : « Moi, Seigneur, me voici, « envoyez-moi, *Ecce ego mitte me.* » Me voici avec une intelligence, une volonté, un cœur, une parole, une vie qui ne demandent qu'à se donner pour le salut des âmes et pour la gloire de votre nom : *Ecce ego;* me voici conduit par le courant de ma vie et le concours des événements au champ de bataille que vous m'avez préparé : *Ecce ego;* me voici avec la totale abnégation de moi-même, possédé, enivré de votre Christ, impatient de le faire connaître, aimer, adorer, servir : *Ecce ego,* me voici; votre amour a dévoré en moi ce que j'appelais moi-même : *jam non ego;* le moi n'existe plus ; je suis mort ; donc je puis donner la vie : *Ecce ego mitte me;* envoyez-moi, et que partout je fasse rayonner autour de moi ce Christ qui est en moi.

Dieu parut lui dire en effet par la voix des choses cette parole que plus tard il entendit lui-même à Rome dans une vision, alors que saint Pierre, lui présentant le bâton du voyageur, et saint Paul le livre du docteur, une voix lui dit : *Va; et prêche; va et sois un apôtre.*

Ah ! regardez-le ce prodigieux apôtre, pareil à un géant s'élançant dans la carrière : *Exultavit ut gigas ad currendam viam.* Le voilà :

Dieu lui a fait signe ; le Pontife lui a dit : « Allez ! » et il va, comme le guerrier de l'écriture, marchant dans la plénitude de sa force et de son courage : *Gradiens in multitudine fortitudinis suæ.* Il marche, emportant dans son cœur, comme le ressort de toute sa puissance mise au service de Jésus-Christ, un immense oyer d'amour où le moi s'est absorbé et a disparu tout entier : foyer brûlant, expansif, impatient de jeter autour de lui ses étincelles ardentes, et d'allumer partout ce feu sacré de l'amour tombé dans ce cœur d'apôtre du cœur même de Dieu ! Dieu, nous l'avons dit, avait mis en son cœur, même dans l'ordre naturel, une rare puissance d'aimer ; sa vie semblait toute faite de tendresse, de bonté et d'amour ; et pas une goutte de cet amour ne s'était versée pour l'égoïsme. L'amour de J.-C. a tout transfiguré, tout purifié, tout divinisé ; tout a remonté vers sa source pour s'y multiplier de plus en plus, et de là se répandre comme une flamme envahissante. Et le voilà qui s'en va, s'écriant dans sa passion de sauver : « Des âmes ! « donnez moi des âmes ! » Dieu lui a dit : « Va, « et prêche, sois apôtre ». Et il va, il prêche, il est apôtre.

Quelle était cette prédication ? quel était cet apostolat ? C'est ce qu'il est temps de vous montrer.

II

UN apôtre, dans le meilleur sens de ce mot, est une vivante expression de Jésus-Christ ; c'est comme une extension et une reproduction de sa vie ; c'est le Christ vivant dans un homme ; c'est un homme manifestant le Christ. S'assimiler par des contemplations sympathiques et par des attractions profondes la vie de Jésus-Christ, le saisir, le prendre et, comme disent les Latins, l'*appréhender* par toutes ses puissances, l'absorber en soi, ou plutôt s'absorber soi-même en lui ; et puis, le traduire au dehors, en être pour l'humanité qui vous touche comme un réflecteur sympathique; je me trompe, non pas le réflecteur seulement, mais le foyer chaud et rayonnant : *voilà l'apôtre;* voilà le vrai *prêcheur* du Christ : tel apparut Dominique dans son apostolat.

Lorsque, après ses longues et laborieuses préparations, Dominique entra décidément dans la carrière de ses combats; quand ce maître de la prédication, le *Prêcheur* par excellence, répondant à l'appel de Dieu, commença de prêcher sur le théâtre ouvert à son apostolat; à la lettre, il rayonnait Jésus-Christ; tout son être le manifestait, l'exprimait, le *prêchait* en un mot. Il pouvait dire avec saint Paul : « Nous prêchons « Jésus-Christ, et Jésus-Christ crucifié; » il était de toutes les manières ce que l'histoire l'a bien nommé : *vir, per omnia, verè apostolicus;* un homme, en tout, vraiment apostolique; parce qu'en tout et de toutes manières, il prêchait, c'est-à-dire, manifestait, exprimait, révélait Jésus-Christ, et faisait de tout lui-même la traduction humaine du Verbe divin.

Or il y a, entre beaucoup d'autres, quatre manières principales de manifester, d'exprimer, de prêcher le Verbe incarné. Il est le Verbe Vérité, et comme tel on le manifeste par la parole ; il est le Verbe Sainteté, et comme tel on le manifeste par la vertu ; il est le Verbe Victime, et comme tel on le manifeste par le sacrifice ; il est enfin le Verbe Toute Puissance, et comme tel l'apôtre le manifeste par les miracles qu'il fait en son nom.

Et voilà Dominique, le grand traducteur de la vie de J.-C. en lui ; le voilà, le manifestant, l'exprimant, le parlant, en un mot, le *prêchant* de toutes les manières, et par là, justifiant, non-seulement une fois, mais quatre fois, et plus encore, son grand nom de *Prêcheur*.

Et d'abord, docteur et orateur, initié à la science et maître dans la parole humaine, Dominique fit de cette parole elle-même la première manifestation de ce Verbe divin : son intelligence le rayonnait, et sa parole le faisait retentir ; la première était un reflet, la seconde un écho de lui ; reflet éclatant, écho sonore, l'un et l'autre images fidèles de Jésus-Christ.

La théologie avait obtenu de bonne heure les prédilections de sa grande intelligence. Il avait eu dès lors, sans bien s'en rendre compte, le vague instinct de sa prédestination. La parole de l'homme mise au service de la science divine, l'éloquence sacrée, écho harmonieux et sympathique de la parole sainte, déjà l'avait séduit d'un invincible charme. Aussi l'un des premiers et des plus beaux fruits de l'amour de Jésus-Christ devenu maître de son cœur, ce fut de le faire resplendir dans sa parole, et de faire, partout et toujours, de cette chaude et lumineuse parole, comme le premier rayon de lui-même en lui.

Conduit plus tard par la Providence sur le théâtre de son apostolat, c'est-à-dire dans une contrée ravagée par l'hérésie, il avait compris d'instinct la nécessité d'une prédication profondément doctrinale ; prédication saintement belliqueuse, qui ne craint pas de mettre le pied sur le champ clos de la discussion; qui descend résolûment sur le terrain de l'erreur, et là ose la combattre et la vaincre avec les armes choisies par elle-même. Des heures sonnent dans la vie de l'Église où l'éloquence, qui suffisait hier, ne suffit plus aujourd'hui, parce qu'elle ne répond plus assez à l'appel des besoins nouveaux. Un jour vient, où la parole qui nourrit de sa substance le peuple demeuré fidèle aux enseignements de l'Église est impuissante à vaincre les erreurs qui attaquent jusqu'en ses fondements l'Église elle-même. Alors pour ses combats nouveaux il faut de nouveaux soldats; et à ces soldats il faut une armure nouvelle. Dominique eut cet instinct qui seul suffirait à attester en lui le génie de l'homme et l'envoyé de Dieu.

Alors, il fut révélé pourquoi Dominique avait passé sa pure et forte jeunesse dans cette obscurité laborieuse et ce silence austère, qui le préparaient à porter sans faiblir le poids de la lutte, et à affronter sans pâlir les coups de l'hérésie, en cet emps-là frappant l'Église de ses traits enflammés et de ses haines ardentes. C'est que ce soldat de la vérité avait la vocation de poursuivre l'erreur dans les retranchements de l'ignorance, et de se prendre corps à corps avec tout adversaire que Dieu ou l'homme mettrait sur son chemin. Aussi, avec quelle vaillance guerrière et avec quelle savante stratégie, armé de la parole et de la science, il allait partout à la rencontre de l'ennemi! Depuis son point de départ de Montpelier, alors que son énergie et sa résolution avaient relevé le courage des légats du Saint-Siége désespérés devant la multitude des ennemis et devant l'impuissance des ressources, que de combats livrés, c'est-à-dire que de batailles gagnées par les armes de la parole et par le glaive de la discussion! Je ne le suis pas, dans sa course victorieuse, à Caraman, à Béziers, à Carcassonne, à Fangeaux, à Montréal, à Pamiers, à Toulouse: course de dix ans poursuivie sur le même théâtre, dans les mêmes combats, à travers les mêmes ennemis, et partout signalée par les mêmes triomphes. Les victoires aussi ont leur monotonie. L'histoire d'ailleurs n'a pas éclairé de son soleil tous les triomphes de cette parole, avec leurs détails, leurs phases, leurs péripéties : elle ne nous a pas même légué un monument de cette victorieuse éloquence. Mais tout proclame que c'était une étonnante parole : car les succès qu'elle obtint partout, à Rome même, où elle tint plus tard dans la stupéfaction les plus illustres et les plus éloquents, ces succès l'histoire les raconte d'un mot; elle les nomme *incroyables;* et par là, elle nous dit ce qu'il faut penser de cette éloquence qui semblait avoir le privilége de tout vaincre et de tout ébranler.

C'est que cette parole, en effet, réunissait tous les éléments qui assurent l'empire des âmes; elle avait la lumière puisée dans une profonde connaissance de J.-C.; elle avait la chaleur puisée dans un brûlant amour de J.-C.; elle avait la force puisée dans un absolu dévouement à J.-C. ; elle.avait la sympathie puisée dans son ineffable tendresse pour les âmes et dans une bonté de cœur qui semblait une émanation de la bonté de J.-C. Sa parole, c'était un flambeau qui brillait; c'était une flamme qui échauffait ; c'était une foudre qui ébranlait ; c'était comme un ami qui suppliait , comme une mère qui gémissait, comme un ange qui pleurait, comme un prophète qui menaçait, comme un martyr qui attestait, prêt à donner partout à la vérité le témoignage du sang. Et pour achever sa puissance, cette parole avait, avec tout cela, ce qui par dessus tout devait en assurer l'empire et décider le triomphe; elle répondait au souffle qui passe; elle avait l'entente de l'heure qui sonne ; elle remuait la fibre contemporaine ; elle touchait à la plaie vive : elle avoit *l'actualité*.

Ainsi Dominique par tous les éléments qui composaient sa prodigieuse parole, et par tous les triomphes qui signalaient le passage de cette rare éloquence, légitimait le titre qui lui fut donné par son siècle, alors que ce siècle, d'une voix unanime, le proclamait le maître de la prédication, digne à ce titre de donner naissance à l'ordre à jamais illustre des *Frères Prêcheurs*.

Mais la parole par elle seule n'est pas le dernier mot de la puissance apostolique ; elle n'est dans le prédicateur que le premier rayonnement du Verbe, la manifestation de J.-C. Vérité. La plus grande lumière qui révèle le Christ n'est pas celle qui nous vient de la parole ; c'est celle qui nous vient des actions. *Luceat lux vestra; et videant opera vestra bona.* Il faut donc chercher plus loin la raison décisive de la puissance de Dominique.

On se tromperait, en effet, si l'on cherchait dans sa parole seulement, si éloquente fût-elle, le dernier secret de ses triomphes apostoliques. Pour vaincre et triompher sur ce champ de bataille de son apostolat, ce n'était pas assez de la prédication de la parole, il fallait la prédication de l'exemple; ce n'était pas assez de se révéler docteur, savant, orateur; il fallait se révéler *saint*, et par là faire tomber, à la fois, et le prestige qui rehaussait l'hérésie et le scandale qui humiliait l'Église aux regards des générations trompées. Deux choses se rencontraient alors dans la chrétienté, et surtout dans le Languedoc, qui faisaient le triomphe de l'erreur et la défaite de la vérité : c'était d'un côté, dans les prédicateurs des doctrines nouvelles, une vertu apparente; c'était de l'autre, dans les prédicateurs de l'antique vérité, des désordres trop réels; d'un côté une austérité factice et soi-disant évangélique; de l'autre, un faste qu'on pouvait croire profane et une pompe réputée mondaine ; d'un côté la séduction, de l'autre la répulsion ; et entre les deux, la chute des faibles et le scandale de tous. Le sacerdoce contemporain, sauf de belles exceptions, avait perdu son prestige en laissant tomber de son front l'auréole de ses vertus. Les vices d'un certain nombre de prêtres et même de quelques prélats, se trahissant eux-mêmes dans une publique infamie, avaient donné au fidèle, à l'égard de son clergé, la plus délicate des tentations, la tentation du mépris. Le prêtre avait pu rougir de son vêtement. La noblesse, qui a l'idolâtrie de l'honneur, affectait de se retirer d'un sacerdoce avili ; et le peuple lui-même montrait la grandeur du scandale et la profondeur de son mépris, quand il disait : « J'aimerais mieux être ecclésiastique »; comme il disait aussi : « J'aimerais mieux être juif, que d'avoir ce malheur. »

Telle était la situation qui, au début de la carrière, s'offrait au courage de Dominique et de son digne initiateur Diego de Azévédo. Dès lors le plan de l'homme de Dieu était tout tracé ; la nature du mal, l'attitude de l'ennemi révélait au soldat du Christ la stratégie de la croisade qu'il allait organiser contre l'erreur, en dehors de la croisade organisée par Montfort, pour abattre par la force les remparts de l'hérésie.

Il n'y a pas deux méthodes à suivre dans les luttes apostoliques, il n'y en a qu'une. Aux envahissements de l'orgueil, de la cupidité et de la volupté, il fallait opposer les réactions courageuses de l'humilité, de la pauvreté et de l'austérité : à la séduction du scandale, il fallait opposer le prestige de la sainteté ; en un mot, à la prédication des vérités évangéliques, il fallait joindre la prédication des vertus évangéliques, et à l'éloquence de la parole ajouter l'éloquence de l'exemple ; l'exemple, cette parole intelligible et à jamais populaire ; l'exemple, qui donne au vrai le témoignage du bien ; l'exemple, qui fait rougir le vice devant le visage de la vertu ; l'exemple, qui fait évanouir le préjugé dans le rayonnement de la sainteté ; l'exemple, la plus persuasive, la plus éloquente, la plus victorieuse de toutes les paroles ; l'exemple, qui dit au peuple jusque dans son silence : « Regardez-« moi bien, je suis la vérité, j'en jure par mes « vertus ; écoutez-moi, je suis l'Évangile qui « vous éclaire, je suis le Christ qui vous sauve,

« j'en jure par mon humilité, par ma pauvreté, « et par mon austérité. »

Ainsi fit Dominique pendant dix ans, portant dans sa personne ces trois représentations de l'Évangile ; ajoutant partout à un miracle de sa parole un miracle de sa vertu ; et partout faisant tomber par la puissance de son humilité le scandale de l'orgueil, par la puissance de son dépouillement le scandale du faste, par la puissance de son héroïque austérité et de son angélique pureté le scandale encore plus désastreux des sacriléges voluptés. Que n'ai-je le temps de vous dire et ces prodiges d'humilité et ces prodiges de dépouillement et ces prodiges d'austérité !

Il était *humble*, en effet, Dominique, si humble, qu'une des joies de son apostolat était de recueillir au chemin les insultes, les mépris, les dérisions, les opprobres, que rencontre le prédicateur de la vérité dans les contrées où triomphe l'erreur ; si humble, qu'il préférait le séjour de Carcassonne à celui de

Toulouse, par la seule raison qu'il trouvait l'honneur à Toulouse et le mépris à Carcassonne; si humble, mon Dieu, qu'avant de mettre le pied dans une ville ou dans une bourgade, il se prosternait à terre, et vous suppliait de ne pas laisser tomber sur elle la foudre de votre vengeance, à cause de la présence d'un tel pécheur.

Il était *pauvre*, Dominique : son cœur d'apôtre avait, avec celui de François d'Assise, épousé sur la croix la divine pauvreté; le plus grand dépouillement lui apparaissait comme sa plus belle parure: et partout voyageant à pied, sans viatique et sans ressources, il renouvelait, après douze siècles, dans toute sa primitive beauté, le miracle de dépouillement apostolique qu'on vit briller sur le berceau de l'Église.

Il était *austère*, le doux et tendre Dominique; et sa douceur envers les autres n'était égalée que par la dureté qu'il exerçait envers lui-même. Coucher par terre, ou sur de simples planches; jeûner, veiller, se flageller; se couvrir de chaînes, de haires, de cilices, et souvent avec de saintes cruautés qui feraient frémir la mollesse contemporaine, ce n'était pas dans le jeune apôtre du Languedoc un accident de sa vie, une heure d'ascétiques enivrements; c'était sa vie elle-même; c'était l'exercice régulier de son austérité; c'était l'état normal d'un apostolat qui portait partout l'ambition de s'immoler, et partout joignait à la prédication de la parole et à la prédication de l'exemple la prédication du *sacrifice*.

Ah ! la prédication du sacrifice, voilà, chrétiens, ce qui est décisif dans la vie d'un apôtre. Pour être un vrai prêcheur, il faut être un sacrificateur; sacrificateur de son Christ dans le mystère de l'autel, oui, mais aussi, sacrificateur de soi-même, pour la gloire de son Christ et pour le salut de ses frères. C'est que la prédication chrétienne est la manifestation du Verbe crucifié. Malheur à celui qui n'a pas mis le sacrifice au fond de sa parole! ou plutôt, malheur à celui qui n'a pas fait sortir sa parole du sein de son sacrifice ! celui-là prêche un Christ qui n'est pas notre Christ; ou plutôt il ne prêche pas J.-C. : il se prêche lui-même.

Au contraire, heureux celui qui porte devant les peuples une parole qui a touché la croix ! parole vraiment crucifiée, *verbum crucis*, écho fidèle du Verbe immolé, où l'on entend le cri de l'immolation, et je ne sais quel gémissement de la victime se dévouant elle-même : celui-là porte le Verbe vraiment sauveur, le vrai Christ, *la sagesse* et *la force de Dieu* : il produira par ses sacrifices la vie qui sort du sacrifice; il fera de ses immolations le salut de ses frères ; il fera de son anéantissement un triomphe à son Dieu, et de son volontaire martyre une gloire à la vérité.

Le martyre ! Dominique depuis longtemps en avait fait le rêve. Porter toute l'ardeur et toute la séve de sa vie sur de lointains rivages ; et là, verser son sang pour féconder la doctrine, et, à l'exemple des premiers apôtres, cueillir, à la fois, et la palme de l'apostola et la palme du martyre, oui, ce fut le rêve de sa jeunesse impatiente de tout donner pour Dieu et les âmes, même jusqu'à la dernière fibre de sa vie, même jusqu'à la dernière goutte de son sang.

Obligé par la volonté de Dieu de renoncer à cette héroïque joie que se promettait, dans un enivrement sacré, son cœur apostolique, il ne laissait pas que de se sentir possédé de cette sublime passion, la passion de se dévouer et de se faire victime. On le vit plus d'une fois, après avoir donné tout ce qu'il possédait, s'offrir lui-même pour la rançon de ses frères captifs aux rivages dela barbarie. Un jour, il fut sur le point d'être pris par les ennemis de son apostolat apostés pour l'assassiner. Qu'auriez-vous fait, lui dit quelqu'un, si vous les aviez rencontrés en chemin? « Ah! répondit « cet amant de la souffrance et ce héros du « martyre, je les aurais suppliés de ne pas me « tuer d'un seul coup, mais de verser mon « sang goutte à goutte, et de déchirer mes « membres un à un, enfin de prolonger mes

« tourments, et d'embellir ma couronne en « multipliant mon supplice. » Déshérité de tous ces martyres dont il avait faim et soif, à force d'austérités et de souffrances volontaires, il s'en fit un plus long et plus dur, tel que n'auraient jamais pu le lui faire des bourreaux ou des assassins, en répandant son sang ou en déchirant sa chair. Il sut si bien multiplier, pour se faire souffrir, les industries de son amour passionné pour le sacrifice, que la souffrance ne le quittait ni jour ni nuit, portant partout sur lui les stigmates volontaires de Jésus-Christ crucifié. Si Dieu, comme il fit pour son séraphique ami François d'Assise, ne lui envoya pas un ange pour le frapper lui-même à l'image du crucifié, par une stigmatisation miraculeuse, il eut le magnanime courage de se stigmatiser lui-même, autant qu'il put, par ses volontaires martyres. Il versait pendant la nuit des larmes par torrents sur les désolations de l'Église et sur la perte des âmes. Mais ni ses soupirs ni ses larmes ne lui pouvaient suffire : il avait besoin d'y mêler son sang. Trois fois chaque nuit, dit un autre Dominique, si digne, par ses propres austérités, de faire un tel récit, « trois fois chaque nuit, « il mêlait son sang à ses prières, satisfaisant « ainsi cette soif d'immolation qui est la moi- « tié généreuse de l'amour. On l'entendait « se meurtrir les reins avec des nœuds de fer ; « et la grotte de Ségovie, témoin de tous les « excès de sa pénitence, a gardé, pendant des « siècles, la trace du sang qu'il y a répandu. » Et pourquoi ne dirais-je pas ici avec son digne fils, Dominique Lacordaire, les saintes folies de cet apostolat affamé de souffrances et passionné pour le martyre ? Plus d'une fois, devenu le maître des Frères Prêcheurs, il contraignit quelqu'un des frères à le frapper lui-même, afin d'augmenter, tout à la fois, et la douleur et l'humiliation du sacrifice.

Ainsi Dominique marchait dans la carrière, armé de cette triple puissance de tout vrai prédicateur, la puissance de la parole, la puissance de la vertu, la puissance du sacrifice, partout représentant et faisant rayonner dans l'âme des peuples son Christ *vérité*, son Christ *sainteté*, son Christ *victime*. Docteur il parlait, saint il édifiait, victime il s'immolait ; et par ces trois prédications qui n'en font qu'une, il combattait directement l'ennemi qui ravageait l'Église, confondant l'erreur par les triomphes de sa parole, le vice par le spectacle de ses vertus, et l'égoïsme par l'héroïsme de ses sacrifices.

Et, comme si Dieu eût voulu que rien ne manquât à la puissance de cet apostolat, sans pareil dans l'Église depuis les temps apostoliques, il lui donna pour multiplier ses triomphes le prestige du miracle, et mit à son front si rayonnant d'humilité l'auréole du thaumaturge. Pour soulever, une seconde fois, les âmes abaissées vers la matière et les sens, il fallait renouveler quelque chose des merveilles accomplies par les premiers apôtres. Oui, pour rendre les peuples, égarés par l'erreur, attentifs à la prédication du vrai Verbe de Dieu, il fallait multiplier les miracles avec les dévouements, et forcer le vice et l'hérésie à reconnaître dans l'homme qui l'apportait la puissance de Dieu. Dieu n'avait pas refusé à son serviteur cette consécration visible et ce signe authentique. Son apostolat, comme celui de saint Paul, marchait, lui aussi, dans la force de Dieu, environné de prodiges et de miracles, *in virtutibus, in signis et portentis;* et tandis que les erreurs tombaient devant sa parole, les vices devant ses vertus, et les égoïsmes devant ses dévouements, la nature avec ses lois s'inclinait devant lui, et criait par la voix des morts ressuscités : *Homo Dei!* laissez passer l'homme de Dieu!...

Certes, pour garantir le succès d'un apostolat, c'était plus qu'il n'en fallait. Dominique pourtant voulut une garantie de plus. Il voulut assurer à toutes ses œuvres apostoliques la protection toute-puissante de la Reine des apôtres.

Il croyait à la coopération de Marie dans l'œuvre réparatrice. Il la saluait comme la corédemptrice du monde, et comme telle associée par une efficace intervention à tous les apostolats qui font le salut du genre humain. Il institua le *Rosaire*, depuis devenu si universel et si populaire dans l'Église de Dieu ; et par là il scella à jamais entre l'œuvre de Marie et l'œuvre de son apostolat une union qui devait, après lui, se renouveler avec les siècles, et se perpétuer dans sa postérité.

Voilà l'apostolat de Dominique : il prêche par la parole, il prêche par la vertu, il prêche par le sacrifice, il prêche par le miracle. Couvert du saint scapulaire comme d'une invincible cuirasse, sous le drapeau de la Reine des apôtres, Notre-Dame des Victoires ; défendu par son humilité, par sa pauvreté, et par son austérité, son rosaire à la main, la croix sur sa poitrine, l'amour dans son cœur, la parole sur ses lèvres, il marche, il marche encore, pendant dix ans, comptant ses victoires par chaque prière adressée à la Vierge triomphatrice ; et il fait tomber plus d'âmes vaincues dans le sein de l'Église, que Montfort et tous ses héros ne font tomber de soldats sur les champs de bataille. Voilà, vous dis-je, l'apostolat, ou, si vous voulez, la croisade de Dominique. C'était une croisade, en effet, mais c'était la croisade de la paix, de l'amour, de la parole, de la sainteté, de la prière, du sacrifice : croisade toute-puissante, montrant par les miracles de sa force et par la multitude de ses conquêtes qu'elle était vraiment la croisade de Dieu.

Ceux qui se plaisent à voir, dans cet homme doux et pacifique, l'homme de violence, invoquant contre l'erreur la puissance d'un bras de chair, et marchant à ses triomphes entre des échafauds et des bûchers, appuyé sur le glaive du guerrier ou sur la main du bourreau, montrent jusqu'où peut aller le prodige de l'ignorance et de l'injustice humaines. Jeté par la volonté divine sur une terre remuée par l'hérésie et ensanglantée par la guerre, Dominique fut partout et toujours ce que demandaient de lui et son caractère personnel et sa mission apostolique, un ministre de la paix, un envoyé de l'amour, un agneau jeté au milieu des loups, comme tel, renouvelant par sa douceur toute-puissante le miracle de la lutte apostolique, et montrant, encore une fois, à la terre, ce que peut pour le salut du monde un véritable apôtre, un vrai prêcheur de J.-C., armé pour vaincre d'un indomptable amour et d'une invincible douceur.

Qu'importe après cela de vous redire, un à un, les triomphes de Dominique, et de suivre pas à pas la marche victorieuse de son apostolat ? Qu'importe de compter devant vous les hérétiques convaincus, les erreurs détruites, les vices extirpés, les vertus ressuscitées, les conversions accomplies, en un mot, les âmes sauvées par Dominique dans cet apostolat de dix ans, où, mieux qu'Alexandre, il comptait ses pas par des combats et ses combats par des victoires? Je veux vous montrer dans l'apostolat de Dominique quelque chose de plus grand que cet apostolat lui-même ; je veux montrer le prodige de sa permanence et de sa perpétuité dans la grande postérité qu'il a laissée sur la terre.

III

Ce qu'il y a de plus décisif et de plus important dans la vie d'un apôtre, ce n'est pas ce qu'il fait lui-même personnellement pour exercer son apostolat, c'est ce qu'il entreprend pour le perpétuer, et lui assurer avec la fécondité de son présent la fécondité de son avenir. Un apôtre, quel qu'il soit, sent ses forces trop petites et sa vie trop courte, pour satisfaire par lui-même son ambition de conquérir et sa passion de sauver. A peine arrivé au point culminant de sa vie, déjà il sent une pente rapide emporter avec les années qui se précipitent les restes d'une vie qui s'en va. Sa suprême consolation alors, si Dieu a mis dans son sein le germe de quelque chose de grand, c'est de léguer son âme à d'autres âmes; c'est de laisser, avant de mourir, la séve de son apostolat couler dans une institution vivant de sa vie, et partout et toujours capable de reproduire et de multiplier ses œuvres, en le reproduisant et en le multipliant lui-même. Dominique eut cette ambition : lui, qui allait partout jetant au champ du père de famille la semence de la vérité et la sueur qui la féconde, il se sentait lui-même, dans la main de Dieu, comme un grain qui avait la vocation de se multiplier, et qui devait, en se développant, produire le grand arbre de la vie Dominicaine. Grand apôtre qu'il était, il avait la vocation d'être encore un grand fondateur. Maître de la prédication, Dieu l'appelait à créer l'institut des *Frères Prêcheurs*.

Comment fut conçue, comment est née,

comment s'est développée, comment a fructifié cette admirable institution?

Ce que serait l'institution fille d'un tel père, quiconque aurait eu la vue intime des aspirations de son âme, eût pu le deviner d'avance. Apôtre avant tout, soldat armé pour les conquêtes de l'apostolat, il devait concevoir une institution essentiellement apostolique, capable de réaliser, après lui et comme lui, la prédication de la parole, de la sainteté, du sacrifice et du martyre.

Mais pour l'accomplissement de ce dessein, une grande création était nécessaire : il fallait réaliser quelque chose de véritablement *nouveau*, l'alliance intime et l'union harmonieuse, dans les mêmes hommes, de la vie monastique et de la vie apostolique : créer une institution capable d'unir l'austère discipline du cloître à l'action conquérante de l'apostolat; opérer la fusion du moine et de l'apôtre ; jeter l'un et l'autre dans un même moule évangélique, mais sans absorber l'apôtre dans le moine, et sans effacer le moine dans l'apôtre ; armer, pour les luttes de la vérité et pour la défense de l'Église, une phalange nouvelle, portant, dans le vêtement de la pauvreté, dans les stigmates de l'austérité et dans l'éclat de sa chasteté, le signe dominateur du Verbe crucifié ; en un mot, organiser dans une institution aussi fortement et étendre aussi loin que possible, toutes les saintes réactions qu'il avait commencées en sa personne contre les grands désordres qui ravageaient alors le royaume de Dieu : Tel fut le dessein conçu par notre apôtre, pour donner à son apostolat le sceau de la perpétuité, et se faire, à travers le temps et l'espace, une paternité grande comme celle d'Abraham, et une postérité brillant dans le firmament de l'Église, comme les étoiles dans le firmament du ciel.

Comment et pourquoi, dans l'Église toujours attaquée et toujours militante, une institution ne s'était-elle pas encore rencontrée, réalisant sous cette forme l'apostolat conquérant ? C'est le secret de Dieu. Mais c'est le témoignage de l'histoire, que rien de pareil ne s'était encore vu. L'ascétisme et la prédication, la vie monastique et la vie apostolique avaient, dans leur ensemble, marché dans l'Église sur deux lignes parallèles et dans des sphères distinctes, sans mêler leur action, ni confondre leurs rangs. Sans doute, à cette tradition séculaire, il y avait eu des exceptions illustres. Quelques moines, demeurés fameux, avaient été vus, sortant de leur cloître, d'autres de leur désert, à l'heure des grands dangers de l'Église et de la Chrétienté, pour défendre la foi menacée, et ranimer dans les âmes l'étincelle sacrée. Quelques-uns même étaient sortis du cloître, pour porter à des peuples encore païens le flambeau de la foi : mais c'était l'exception, non la règle. Nul n'avait songé encore à donner à l'apôtre le vêtement, la discipline et l'austérité du religieux. Dieu, qui a pour toute chose puissante et son heure et son lieu, tenait en réserve pour des besoins nouveaux cette forme nouvelle de la prédication. Saisir le point de rencontre marqué par la Providence entre un temps et une institution, entre un besoin et un secours, ce fut le génie, je devrais plutôt dire, pour parler une langue moins humaine et plus digne de lui, ce fut l'inspiration de Dominique ; car l'idée en vint dans son âme sous un souffle de Dieu.

Depuis longtemps déjà, cette idée s'était levée sur son âme comme une belle étoile, mais indécise et flottante encore à travers un nuage dans le vague de l'inconnu ; et l'on dit que la première pensée lui en vint lorsque, ayant mis, une première fois, le pied sur la terre de France, il convertit, dans une conversation nocturne, un hérétique son hôte. Mais, pour que cette idée tombée de Dieu au fond d'une âme humaine pût devenir féconde, il fallait qu'elle connût, elle aussi, le silence, la mort et l'anéantissement; il fallait que cette institution apostolique encore en germe au fond de cette âme d'apôtre fût associée à l'abnégation et à l'humiliation qui avaient préludé à son apostolat.

Telle est en effet la loi souveraine de toute institution comme de toute vie d'apôtre appelée à faire germer, fleurir et fructifier la vie de Jésus-Christ. Si le grain qui tombe à terre ne vient à mourir, sa loi le condamne à la stérilité d'une solitude égoïste : *nisi granum frumenti cadens in terram, mortuum fuerit, ipsum solum manet.* Mais s'il meurt, s'il se fait de la terre où on le jette une tombe, et de l'écorce qui l'enveloppe un linceul où il s'ensevelit, c'est alors qu'il fait sortir de sa mort les rejetons de sa vie, et que du fond de son anéantissement on voit éclater par l'exubérance de ses fruits le miracle de sa fécondité : *si autem mortuum fuerit, multum fructum affert.* Là devait être pour l'institut dominicain, comme pour Dominique lui-même, le germe de la fécondité et le ressort de la puissance. Sorti de son apostolat comme une fleur de sa tige, pour avoir la même vie il fallait qu'il subît la même mort ; et, pour porter les mêmes fruits, il devait connaître le même anéantissement.

Cette idée d'un institut apostolique et monacal, destiné à marcher dans l'Église de Dieu à l'attaque de toutes les erreurs et à la défense de toutes les vérités, son âme la porta longtemps dans le travail silencieux mais fécond d'une longue gestation. Mais ce n'était pas tout d'avoir conçu l'idée d'une telle institution; le difficile c'était de l'enfanter ; car en toutes choses le travail n'est pas dans la conception; il est dans l'enfantement.

Déjà plus de dix ans avaient passé sur l'idée et sur l'apôtre qui la portait; et ce germe, que Dieu couvrait de son regard et réchauffait par son amour, semblait toujours enseveli dans sa mort, lorsque enfin, en 1215, à l'âge viril de son apostolat, à 46 ans, saison de la vie où l'homme, comme une plante mûrie par l'âge et le soleil, donne son meilleur fruit, Dominique, au souffle de Dieu et de l'événement, avait pu rassembler autour de lui les premiers membres de son institut naissant; et il se trouvait avec ses six premiers compagnons, sous le même toit hospitalier ouvert à tous par la générosité de l'un d'entre eux, près de la ville de Toulouse, assez heureuse pour avoir porté le berceau de cet institut qui allait remplir l'Église de son nom et l'humanité de ses bienfaits. O Providence de Dieu, dans la naissance des grandes choses, que vous êtes mystérieuse et admirable tout ensemble! Ah! dans ces humbles commencements, qui font songer à Béthléem et à Nazareth, que d'ombre et que d'obscurité encore; mais quelle lumière sort de cette ombre pour éclairer l'avenir ! ô jeune institut, humble et petit comme la religion de la crêche et de Nazareth, je vous salue : vous avez le signe du Christ; vous avez le souffle de Dieu; levez-vous, marchez et remplissez la terre !...

Mais, M. Fr., pour naître d'une légitime naissance, et pour marcher dans l'Église de Dieu à de grandes destinées, il faut avoir reçu, avec la bénédiction qui donne à toute chose catholique le germe de la fécondité, la consécration qui lui imprime le sceau de la perpétuité; il faut avoir la consécration de Rome et la bénédiction de son Pontife ; il faut, en un mot, chercher la force au grand centre catholique, pour, de là, rayonner dans la catholicité. Dominique avait ce sens profond de la force et de la fécondité qui vient de Rome. Voilà pourquoi toujours son apostolat gravitait de ce côté et y retournait comme à son centre. Il y était venu, onze ans plus tôt, chercher un premier signe de Dieu, pour guider dans leur voie ses premiers instincts et ses premiers élans apostoliques. Il y revenait, après onze ans, demander pour sa route enfin trouvée une mission définitive, pour son œuvre déjà commencée le souffle vital, et pour l'institut qu'il fondait une consécration solennelle. Plus tard il y revint, et il y revint encore jusqu'à une sixième fois, en quelques années seulement ; trouvant qu'il ne pouvait trop, lui et les siens, se tremper et se tremper encore à cette source toujours ancienne et toujours nouvelle de la vie, de la force et de la fécondité catholique.

Un obstacle, qu'on pouvait croire insurmontable, parut un moment l'arrêter là même où il venait pour chercher son vrai point de départ; et son œuvre, à peine née, se trouva menacée de mourir là même, où elle venait pour trouver dans son baptême apostolique la garantie de sa vie et le sceau de sa perpétuité.

Il y a une chose qui prévient d'ordinaire contre les créations nouvelles même les meilleurs esprits, c'est leur nouveauté. On n'a pas, sans avoir vécu, la consécration de l'expérience et le prestige de l'antiquité. Cette défiance du nouveau, dans l'Église de Dieu, s'explique par la nature des choses; et la prudence même de Rome semble conspirer ici quelquefois avec ces naturelles défiances. Aussi, si Dieu ne s'en était mêlé, s'il n'était venu, de siècle en siècle, prendre par la main les apostolats qui demandaient à naître, combien d'institutions, qui devaient être si fécondes, ne seraient pas même nées, ou auraient trouvé une tombe dans leur propre berceau. L'apostolat de Dominique rencontrait avec cet obstacle général la prévention particulière contre une forme de vie, qui apparaissait à plusieurs non-seulement comme une nouveauté, mais comme une innovation, et qui semblait briser avec toutes les traditions de l'apostolat. Et comme pour rendre plus infranchissable l'obstacle que rencontrait l'illustre fondateur, le concile de Latran venait de décider, tout récemment, que pour prévenir les inconvénients qu'avait fait naître la multiplication des ordres monastiques, on ne permettrait plus qu'à l'avenir on en créât de nouveaux. Comment écarter une telle difficulté? Comment Innocent III révoquerait-il lui-même, en faveur de Dominique, sa propre volonté impliquée dans la décision récente d'un concile? C'est ce qu'il était difficile de comprendre. Mais Dieu a ses ressources pour ouvrir toute voie et applanir tout chemin à ce qui vient de lui. Une merveille avait prophétisé, même avant sa naissance, l'apostolat de Dominique, alors que sa mère l'avait vu portant un flambeau qui embrasait toute la terre ; un autre signe plus éclatant et plus décisif brilla sur le berceau de son institut. Une nuit, le Pontife, endormi dans le palais de Saint-Jean-de-Latran, avait vu Dominique avec les siens soutenir de ses épaules la basilique chancelante et prête à s'écrouler. Ce signe de Dieu sur l'œuvre d'un homme décida le Pontife à la consécration de cette grande chose qui se révélait à lui-même comme un appui pour l'Église ébranlée par des orages. Dominique touchait enfin à ce but de sa vie poursuivi à travers tant de vicissitudes avec une persévérante et inébranlable volonté. Il tressaillit de joie sous la bénédiction et dans l'embrassement du Pontife qui lui disait enfin la parole attendue : *Allez.*

De retour au milieu de ses entants multipliés pendant son absence, le fondateur, investi de le force de Dieu et couvert de la bénédiction de l'Église, travaille à organiser, dans les grandes lignes de la règle de saint Augustin, la petite phalange qu'il arme, sous le vêtement du moine et sous la discipline du cloître, pour tous les combats de la parole et toutes les conquêtes de l'apostolat. Et une année n'était pas écoulée, que l'ordre, déjà debout et prêt à marcher au combat, recevait du pape Honorius III, successeur d'Innocent III, son institution canonique et sa consécration solennelle, dans trois bulles célèbres, dont l'une saluait les nouveaux soldats de l'Église par des paroles qui, en exaltant leur valeur naissante, prophétisaient d'avance leurs triomphes à venir : paroles fatidiques, qui demeureront inscrites à jamais sur le berceau de l'œuvre, comme un sceau divin et une gloire immortelle. La bulle disait : « Honorius, serviteur des serviteurs de Dieu, à ses chers fils le « *Prieur et les Frères de Saint-Romain*, Prê-« cheurs dans le pays de Toulouse, salut et bé-« nédiction apostolique.

« Dévorés, en dedans, du feu de la charité, « vous répandez, au dehors, un parfum qui « réjouit les cœurs sains, et guérit ceux qui « sont malades... Serviteurs fidèles, le talent qui

« vous est confié fructifie dans vos mains, et « vous le restituez au Seigneur avec surabon-« dance. Athlètes invincibles du Christ, vous « portez le bouclier de la foi et le casque du « salut, employant avec magnanimité contre les « ennemis cette parole de Dieu qui va plus loin « que le glaive le plus aigu. Et parce que c'est « la fin qui couronne, non le combat, nous « prions et exhortons votre charité de vous for-« tifier de plus en plus dans le Seigneur, de ré-« pandre l'évangile « *à temps et à contre-temps*, et « d'accomplir enfin pleinement votre devoir « d'*évangélistes*. Si vous souffrez pour cette cause « quelques tribulations, réjouissez-vous et « triomphez avec l'apôtre d'avoir été trouvés « dignes de souffrir des opprobres pour le nom « de Jésus... Et nous vous supplions, nous qui « vous tenons sur notre sein, comme des fils par-« ticulièrement aimés, d'intercéder pour nous « auprès de Dieu par le sacrifice de vos prières. »

Telles sont les immortelles paroles tombées du haut de la chaire pontificale sur le berceau de l'Institut Dominicain : je les ai citées avec bonheur, et préférées à tout autre éloge, parce que pour louer un ordre apostolique, il ne s'en peut trouver ni de plus décisives ni de plus éloquentes.

Ainsi, un ordre nouveau nous est né, humble, comme l'enfant de Bethléem. Il est baptisé; il a son nom à lui et sa fonction marquée dans l'Église ; il se nommera l'ordre des *Frères Prêcheurs;* et ses fils seront les champions de la Foi, les athlètes du Christ, les vraies lumières du monde. L'ordre est confirmé ; il porte le sceau de la puissance pontificale et de la force de Jésus-Christ. L'ordre est debout, peu nombreux encore, une phalange plutôt qu'une armée, un groupe plutôt qu'une phalange, petit enfin, mais déjà, lui aussi, *prompt au combat et intrépide à l'attaque*. L'ordre enfin est envoyé ; et je crois entendre J.-C., qui lui dit par la voix de son Église, en lui ouvrant la route, et en montrant la carrière ouverte devant sa jeune vaillance et ses ardeurs impatientes : « *Va et*

« *prêche;* va, et multiplie tes bataillons, afin de « multiplier tes combats, et tes combats, afin « de multiplier tes triomphes. »

Que lui manquait-il en effet, désormais, à cet ordre naissant, si ce n'est de se multiplier lui-même et de montrer, après le miracle de sa naissance, le miracle encore plus étonnant de son développement ?

Quand un institut a, pour le porter, ces deux souffles qui se répondent, le souffle de Dieu et le souffle de l'homme ; quand il a entendu Dieu qui lui dit : *Va*, et quand il entend l'humanité qui lui dit : *Viens*, sa propagation ne se fait pas attendre. Sous l'action de ces deux souffles, qui lui en assurent un troisième composé des deux autres, et qu'on peut nommer, dans le meilleur sens de ce mot, le grand souffle *populaire*, une institution exerce et subit en même temps une immense attraction ; elle attire et elle est attirée ; elle s'étend, et elle se dilate elle-même par elle-même, comme la flamme et le feu, par sa propre expansion ; elle court plutôt qu'elle ne marche ; elle vole encore plus qu'elle ne court ; elle envahit ; elle propage ; elle est l'envahissement et la propagation même.

Tel apparut l'ordre de Saint-Dominique, aussitôt qu'il eut reçu la consécration de l'Église et le baptême de son apostolat. Un prodigieux besoin de s'étendre et d'envahir se révéla tout à coup en lui comme son besoin natif : je ne sais quelle force d'expansion le poussait en avant et dans toutes les directions. Ah ! c'est alors, surtout, que ce zèle qui enflammait le cœur de Dominique et y brûlait comme un foyer ardent sembla crier à toute créature : « Ouvrez-nous l'espace, et laissez-nous passer. » Et dans ce besoin de dilatation, de conquête et de propagation, qui possédait sa grande âme et semblait soulever sa poitrine, sa pensée parlait comme son cœur : « Il faut semer le grain, » répétait-il à ceux qui voulaient modérer cette passion de l'envahissement, « *il faut semer le grain,* « *non l'entasser.* » Aussi cette conviction de sa pensée, et ce besoin de son cœur deviennent-ils, tout à coup, et avec une rapidité qui peut étonner encore, même après six siècles, l'histoire prodigieuse de son institut. Ces quelques grains amenés sous sa main par la Providence, il va les jeter lui-même à tous les vents du ciel.

Chose vraiment prodigieuse : Dominique à peine de retour de Rome, réunit à Notre-Dame de Prouille, première résidence de son apostolat, *les seize hommes* que Dieu lui avait donnés pour seconder ses apostoliques ambitions ; et de ce cénacle sur lequel l'Esprit-Saint semble planer, et renouveler quelque chose du mystère de la Pentecôte, déjà il rêve l'universel. Les premiers apôtres n'étaient que douze, lorsqu'ils se partagèrent le monde : les *Frères Prêcheurs* ne sont que seize ; et voilà que, sans plus attendre, ils se partagent l'Europe. Tous leurs cœurs, unis et brûlants, n'étaient tous ensemble qu'un même foyer d'amour. Dominique, au nom de Dieu, souffle sur ces étincelles de feu ; et chacune d'elles s'en va tomber dans une grande ville d'Europe; et chacune, au lieu où elle tombe, allume un foyer qui rayonne à son tour, pour créer, de ses étincelles détachées, des foyers nouveaux. Et Paris, et Bologne, et Milan, et Rome, et d'autres cités célèbres, donnent, presque simultanément, le spectacle d'une même propagation. On eût dit que le cœur du grand patriarche laissait échapper de lui une mystérieuse électricité, qui, d'un bout de l'Europe à l'autre, donnait des secousses aux âmes, et précipitait, comme dans un même courant, l'élite de la jeunesse au sein du nouvel institut. Je voudrais suivre, au pas de course, dans tous ses détails, ce mouvement propagateur, qui n'eut d'égal que celui d'un autre institut contemporain. Mais le détail, ici, ne ferait que vous dérober la splendeur de l'ensemble et amoindrir la majesté du spectacle. Quoi qu'il en soit, l'institut parti de Notre-Dame de Prouille pour ses premières conquêtes, avait marché si vite, et partout si puissamment agi, que, quatre ans à peine étaient passés, lorsque le jour de la Pentecôte (1221) l'Ordre, se trouvant assemblé à Bologne dans ses principaux représentants, pour la célébration de son deuxième chapitre général, pouvait, en regardant autour de lui, compter huit provinces et soixante maisons. Et c'était l'œuvre de *quatre* ans !

Vous le voyez, la petite phalange avait étendu et multiplié ses rangs ; elle était déjà une armée occupant, l'arme au bras et son drapeau levé, les postes principaux de la catholicité. Toute l'Europe avait entendu le bruit de ses pas, et déjà la renommée racontait ses triomphes. Dominique, avant de mourir, pouvait voir les pavillons multipliés de sa belle et vaillante armée se déployant partout, avec éclat, sous le ciel de l'Église. Aucun homme, depuis les apôtres, n'avait pu contempler, en aussi peu de temps, une plus belle création de son amour, un plus beau fruit de son cœur. Dieu, après avoir longtemps attendu l'heure et longtemps couvé le germe, avait hâté le développement et précipité la moisson. Et la fécondité de l'institut avait éclaté tout à coup avec une exubérance inouïe : pareil à ces plantes des tropiques qui donnent, dans une soudaine explosion, une fleur et un fruit longtemps attendu, Dieu lui avait donné, en quatre ans, un développement séculaire. Ah ! c'est que Dieu savait l'heure et le terme marqués d'avance à la vie et à l'apostolat de son serviteur. Dominique ne devait pas même voir tout entière la cinquième année de son institution grandissante. Le fondateur de 1216 allait mourir en 1221, en faisant à Dieu pour sa postérité cette prière que Jésus adressait à son père pour ses disciples : « Père saint, j'ai accompli votre volonté ; « ceux que vous m'aviez donnés je les ai con- « servés et gardés ; maintenant je vous les re- « commande ; conservez-les et gardez-les. »

O Dominique, ô saint patriarche, ah ! désormais vous pouvez redire la parole de Siméon : *Nunc dimittis, etc.* O Père d'une si belle et si nombreuse famille, vous pouvez mourir en paix ! et vous, fils de Dominique, vous pouvez essuyer les larmes versées sur sa mort prématurée. Il ne meurt pas tout entier ; son âme a passé dans son œuvre, pour en être, à travers les siècles, comme la séve toujours jeune. Le germe est sorti de terre ; il a produit l'arbre ; et l'arbre, arrosé par les sueurs et fécondé par les sacrifices de l'apôtre, a étendu au loin ses rameaux généreux ; il n'avait plus qu'à donner ses fruits, et par là, témoigner de la pureté de sa race et de la fécondité de sa vie. A ce signe, en effet, vous reconnaîtrez les véritables institutions apostoliques, comme vous reconnaissez les véritables apôtres : *à fructibus eorum cognoscetis eos.*

Quels fruits a-t-il donnés ? Ici, chrétiens, je sens le désespoir de la parole impuissante à tout dire. Quels fruits a donnés à l'humunité le grand arbre Dominicain couvrant de son ombre, depuis six siècles, tant d'espaces et de générations ? Demandez à ces espaces sans limite et à ces générations sans nombre. Ah ! si l'humanité contemporaine pouvait, à l'heure où je vous parle, avoir la vision des temps, des espaces et des générations qui ont senti le contact de l'institut Dominicain ; si elle pouvait, d'un même regard, embrasser tous ces bienfaits, tous ces dévouements, tous ces fruits de salut, toutes ces âmes éclairées, régénérées, sauvées par l'apostolat déjà six fois séculaire de la postérité de saint Dominique : ah ! il me semble que, dans l'enthousiasme de sa reconnaissance et de son admiration, elle n'éprouverait d'autre besoin que de faire tomber des couronnes sur la tête de ses glorieux fils, et de baiser avec amour la trace de leurs pas.

Quels fruits a donnés l'Institut de saint Dominique? Ah ! puisque je ne puis ni compter, ni décrire, ni peindre, qu'il me soit permis de résumer. L'institution du grand Dominique, fille légitime et pure de son apostolat, a donné les fruits qu'avait donnés son père, le fruit de la science et de la parole, le fruit de la vertu et de la sainteté, le fruit du sacrifice et du martyre. Elle s'est montrée ce qu'elle devait être et ce qu'elle était, la société des vrais *Prêcheurs* de J.-C. Elle a prêché par la parole, elle a prêché par la sainteté, elle a prêché par le sacrifice. Elle a multiplié les docteurs ; elle a multiplié les saints ; elle a multiplié les martyrs ; et, elle aussi, comme son père, elle a multiplié les miracles.

Comment compter les préditateurs, les orateurs, les philosophes, les théologiens, qu'à produits pendant six siècles l'Institut de saint Dominique? *Multitudinem quis enarrabit?* prodigieuse assemblée d'hommes savants, immense collége de docteurs, dominé par la grande figure de saint Thomas d'Aquin !...

Comment compter les saints produits par l'Institut Dominicain? Produire des saints et encore des saints, les multiplier chaque siècle, et même chaque année, comme un arbre fécond fait tomber à ses pieds les fruits produits par sa séve et mûris par son soleil : ah ! voilà le signe authentique auquel se reconnaissent les institutions sorties du cœur du Christ et pleines de la vie chrétienne. Dieu a donné a l'Institut des Frères Prêcheurs ce signe de sa race et cet honneur de sa fécondité. A cette couronne de savants, assez brillante pour illustrer plusieurs ordres à la fois, il a joint une couronne plus belle, la couronne de ses saints, dont le monde a vu les miracles, et que l'Église vous montre, l'auréole au front, debout sur ses autels dans la gloire de leurs vertus !

Et ses martyrs ? Je veux dire tous ceux des Frères Prêcheurs qui ont fait entendre avec la prédication de la parole et de l'exemple la prédication encore plus éloquente de la volontaire immolation ; ceux-là surtout qui ont donné à J.-C., à l'Église et à la Vérité le témoignage du sang, comment les compter ? Ah ! quand je suis, à travers six siècles, les vestiges éclatants de leur apostolat, partout avec les chefs-d'œuvre de leur génie, et les miracles de leurs vertus, je rencontre la trace de leur sang et les monuments de leurs martyres. Et ces martyres, si nombreux que je ne les puis compter, mettent au front de l'institut militant une couronne dont l'éclat y brille encore plus que celui des deux autres. Ainsi, Prêcheurs illustrés par la parole et la science, Prêcheurs illustrés par la vertu et la sainteté, Prêcheurs illustrés par le sacrifice et le martyre, Prêcheurs illustrés aussi même par les miracles, les enfants de saint Dominique, portent comme de nobles fils la quadruple illustration de leur généreux père.

Et, comme si Dieu avait voulu accumuler dans la même famille toutes les illustrations, on a vu tous les insignes des grandes dignités de l'Église briller sur l'humble habit des Dominicains, avec un éclat qui resplendit dans toute leur histoire. Et si je ne craignais trop de parler de dignités, d'honneurs, et de gloire, quand il s'agit de la postérité d'un saint et d'un institut évangélique, je montrerais les 4 ou 5 Papes, les 70 Cardinaux, les 23 Patriarches, les 460 Archevêques, les 2136 Évêques, les 80 Nonces apostoliques, les 25 Légats à *latere* ; les 71 Maîtres du Sacré Palais, qui tous ont porté l'humble vêtement de saint Dominique, et dont la gloire jette sur son grand institut une splendeur incomparable (1).

Mais ce reflet des honneurs sur le grand nom Dominicain n'est qu'une gloire accidentelle et dont il peut se passer. Sa gloire essentielle, celle qui doit jaillir partout et toujours du cœur et des entrailles même de l'Institution toujours féconde, c'est la gloire de créer partout où elle se pose, et des légions de docteurs, et des légions de saints, et des légions de martyrs; c'est de continuer, sous des formes qui peuvent changer, mais avec un dévouement qui ne change pas, l'œuvre propre et trois fois glorieuse des Frères Prêcheurs, la manifestation et la glorification du Verbe vérité, du Verbe sainteté, et du Verbe victime, par la prédication de la parole, de l'exemple, du sacrifice, et souvent du miracle....Et il y a six siècles

(1) Nous donnons les chiffres indiqués par des auteurs, sans pouvoir en garantir l'exactitude rigoureuse. Mais ces chiffres ont au moins une valeur approximative.

que cela dure ; et c'est toujours la même séve fécondant le même arbre, et toujours le même arbre portant les mêmes fruits !

Ah ! si nous pouvions douter de la vie et de la fécondité toujours ancienne et toujours nouvelle de la séve dominicaine, il nous suffirait de regarder de nos yeux les rejetons nouveaux qu'elle vient de faire sortir de la terre française. Des vents pleins de tempêtes avaient passé sur cette terre féconde, et y avaient déraciné, au milieu de nous, toutes ces saintes institutions qui nous avaient abrités pendant de longs siècles. Nous avions oublié leurs vieilles gloires ; et la splendeur même de leurs souvenirs ne nous apparaissait plus qu'à travers tous ces préjugés qui obscurcissent l'atmosphère des peuples émus au souffle des erreurs et des révolutions. Le vêtement de saint Dominique lui-même semblait ne pouvoir plus se montrer au soleil de notre civilisation soi-disant nouvelle que comme un signe d'opprobre, digne tout au plus de cette tolérance banale, où les hommes de ce temps savent mettre encore plus de pitié que d'amour et plus de mépris que de respect.

Mais pour dissiper ce nuage du préjugé, et pour faire resplendir encore parmi nous cette antique gloire de saint Dominique, rajeunie par une gloire nouvelle, Dieu tenait un homme en réserve. Il le conduisit comme par la main dans les flancs obscurs d'un siècle plein de ténèbres; il ouvrit devant lui, par un éclair de son visage, le nuage épais qui lui voilait le Christ et son Église; il l'appela, et Dominique Lacordaire répondit à l'appel de Dieu : « Me voici. » Il vint à son heure, lui aussi, portant au front le signe d'un prédestiné; et après quelques premiers éclairs de son génie, et quelques éclats de cette parole qui fut l'étonnement du siècle et déjà lui avait fait une auréole, par un exemple d'abnégation plus étonnant et plus éclatant encore que son éloquence, il s'en alla à Rome, chercher dans un cœur viril quelques gouttes de cette séve jeune encore après six siècles. Et après cet anéantissement momentané, par où passent toutes les vies qui doivent devenir fécondes, il revint lui-même, rejeton plein de vie, de force et d'honneur, replanter dans notre sol généreux le vieil arbre dominicain.

Il vint dans un siècle à peu près pareil, plein d'erreurs, de corruption et d'égoïsme ; il vint comme son père Dominique, armé de la *parole*, de la *sainteté* et du *sacrifice*... Car, si éloquent fût-il, croyez-le bien, il n'a pas compté sur les seuls miracles de sa parole, pour ressusciter parmi nous un ordre et sa gloire. Il avait appris de son père que les grandes choses chrétiennes se fondent et se soutiennent par d'autres moyens que par l'éclat de la parole et le prestige de l'éloquence. Combien il fut éloquent, vous le savez tous. Vous saurez mieux peut-être un jour combien il fut saint et combien dévoué ; combien il fut, lui aussi, humble, pauvre, austère, et pour la gloire de l'Église et la fécondité de son œuvre, victime par ses sacrifices et martyr par ses douleurs.

Ah! devant la mort encore récente de l'illustre restaurateur, devant sa tombe encore entr'ouverte, et devant sa mémoire si présente à vos cœurs, permettez-moi de lui donner en passant, avec une parole bien indigne de lui, mais avec un cœur capable de sentir le sien, le salut de l'admiration, de l'amour, et de la fraternité apostolique; laissez-moi, d'une voix faible mais sympathique, faire ici un public écho au concert intime de tous vos cœurs, en m'écriant avec vous : Salut à Henri-Dominique Lacordaire! Gloire, honneur, et reconnaissance soient à jamais à l'immortel restaurateur de l'Institut de saint Dominique sur cette terre de France, qui eut l'honneur de porter son berceau, et de lui donner, avec le plus d'abondance, la moisson de ses premiers apôtres!

Mais en saluant de ma parole de Français, de chrétien, d'apôtre et de frère, la grande mémoire de Dominique Lacordaire, puis-je oublier cette légion de nouveaux apôtres que son apostolat a suscités au milieu de nous avec une rapidité d'expansion qui rappelle la fécondité des premiers jours? Puis-je oublier tout ce que leur parole, leurs vertus et leurs sacrifices, ont déjà fait au milieu de nous, pour le salut de vos âmes, pour la consolation de l'Église, pour le triomphe de Jésus-Christ, et pourquoi n'ajouterais-je pas pour le bonheur de la société et la gloire de la patrie? Enfants de saint Dominique, disciples et frères de Lacordaire, ah! continuez parmi nous l'œuvre de l'un et de l'autre, avec le courage, le dévouement, la puissance, le succès et la gloire de tous deux! *Crescite et multiplicamini;* croissez et multipliez-vous; et si vous le pouvez, encore une fois, remplissez la terre, non-seulement, par la multiplication de votre race, mais encore par le bruit de votre parole, par la splendeur de vos vertus, par la fécondité de tous vos sacrifices, en un mot, par tous les miracles de votre apostolat!

Et vous aussi, fils de saint François, marchez par l'héroïsme de pauvreté, d'humilité et d'abnégation qui vous caractérise ; marchez dans ce fraternel et séculaire embrassement qui vous unit, en tout lieu et en tout temps, à la postérité de Dominique ; marchez, sous une forme diverse, au même et invariable but de tout apostolat. Ou plutôt marchons tous ensemble, soldats de la même armée, dans la variété des instituts, mais dans l'unité de l'esprit, à la plus grande gloire de Dieu, par l'extension progressive du règne de Jésus-Christ.

Un jour, c'est l'histoire qui le raconte, Dominique ayant rencontré dans une église François d'Assise, qu'il avait vu dans une vision, courut à lui, et lui dit en l'embrassant : « Vous êtes mon compagnon, tenons-nous ensemble ; et nul ne pourra prévaloir contre nous. » Or, cet embrassement, ce n'est pas seulement à François d'Assise, c'est à tout apôtre et à tout fondateur semblable à lui qu'il eût voulu le donner. Et je ne doute pas qu'il n'eût embrassé, avec le même amour et la même effusion, Ignace de Loyola, si Dieu le lui eût fait rencontrer sur la terre. On dit qu'une sainte femme vit un jour saint Ignace et saint Dominique, unis dans le ciel et attachés l'un à l'autre par une chaîne d'or : touchante image de ce lien d'amour et de cette chaîne de fraternité qui doit unir, sur la terre, non-seulement les légitimes enfants de l'un et de l'autre, mais encore toutes les phalanges apostoliques mises par de grands saints au service de Jésus-Christ.

O Sauveur Jésus, qu'il soit fait ainsi : que votre prière soit exaucée dans tous les chrétiens, mais dans ceux-là, surtout, qui ont la vocation de manifester avec plus d'éclat le mystère de votre amour ; soyons par la force même de cet amour consommés dans l'unité ; et montrons-nous, par notre fraternelle union sur la terre, les dignes héritiers de nos pères, unis au ciel dans l'éternel embrassement de Dieu.

Mon Très-Révérend (1) Père, digne succes-

(1) Rév. Père Jandel.

seur de saint Dominique, vous allez retourner au centre de notre commune vie et de notre commune fraternité. Ah ! vous direz à Rome ce que vous avez vu ici, les fils de saint Dominique et de saint Ignace, unis sur la terre, comme leurs pères dans le ciel, et redisant ensemble, par leurs œuvres encore mieux que par leurs paroles, l'*Ecce quam bonum* de la charité chrétienne et de la fraternité apostolique (1).

(1) Ce discours fut prononcé à Nancy, dans la chapelle des R. P. Dominicains, le jour de la fête de saint Dominique, 4 août 1868.

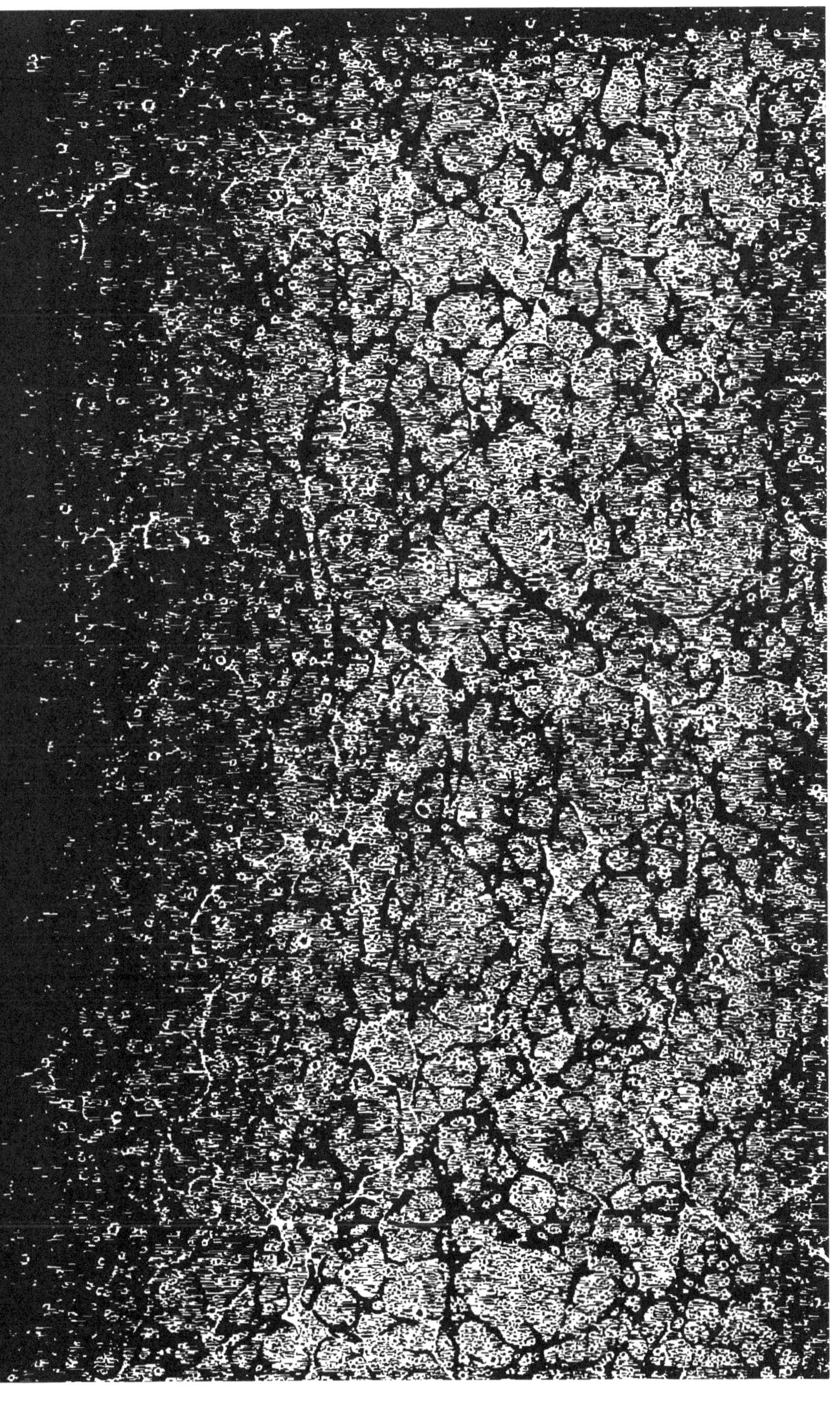

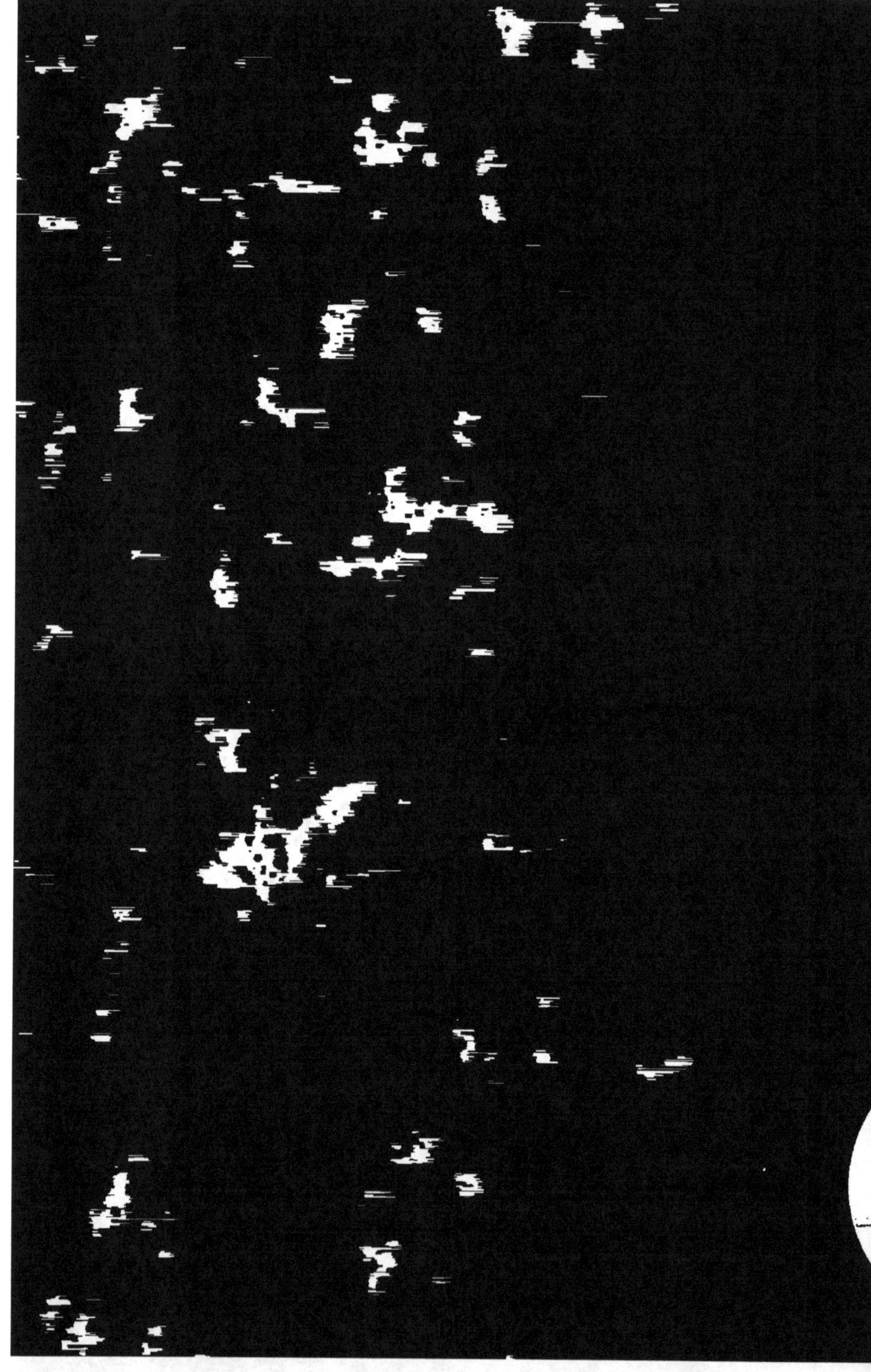

www.ingramcontent.com/pod-product-compliance
Lightning Source LLC
LaVergne TN
LVHW020403230826
846091LV00003B/1128

9782012722538